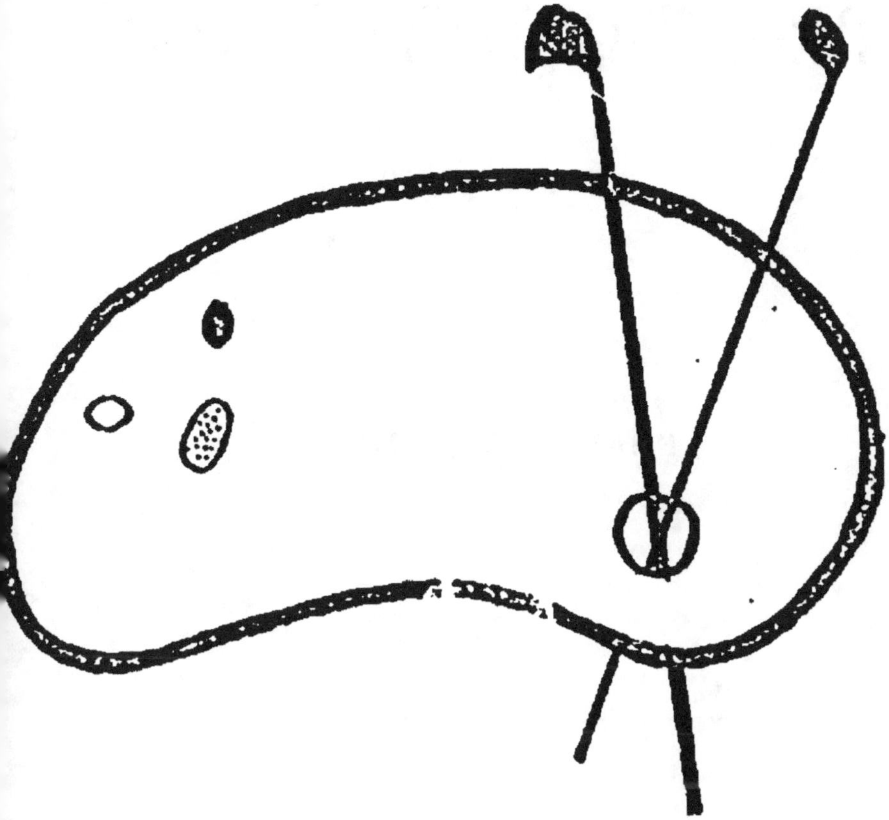

DEBUT D'UNE SERIE DE DOCUMENTS
EN COULEUR

UN
REGISTRE D'ÉTAT CIVIL

DE L'ANNÉE 1793

PAR

FRANCISQUE MÈGE

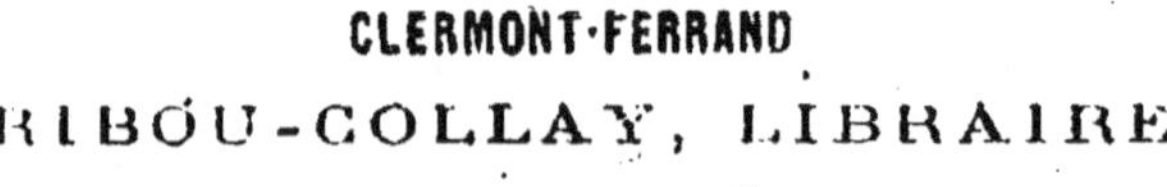

CLERMONT-FERRAND

BIBOU-COLLAY, LIBRAIRE

RUE SAINT-GENÈS, 5

1891

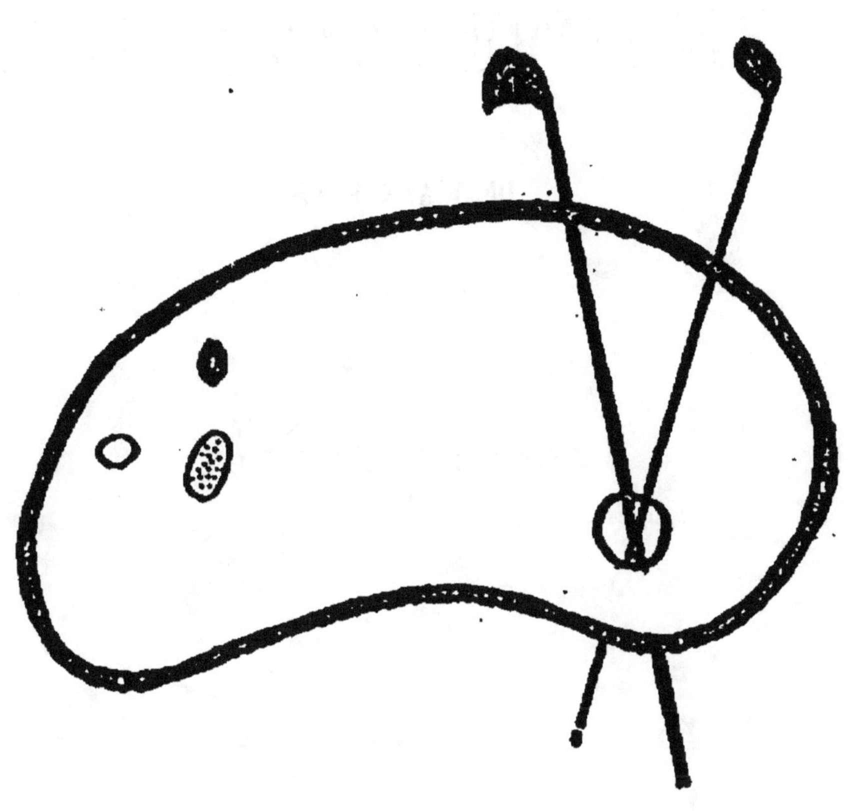

FIN D'UNE SERIE DE DOCUMENTS
EN COULEUR

UN

REGISTRE D'ÉTAT CIVIL

DE L'ANNÉE 1793

PAR

FRANCISQUE MÈGE

CLERMONT-FERRAND
RIBOU-COLLAY, LIBRAIRE
RUE SAINT-GENÈS, 5

1891

UN REGISTRE D'ÉTAT CIVIL

De l'Année 1793

On a recueilli les *Excentricités du langage français.*
Si on faisait de même un recueil des excentricités de
l'histoire de France, des faits singuliers, bizarres, extraor-
dinaires qu'on peut y signaler, on y verrait certainement
figurer la campagne menée sur la fin de l'année 1793
contre les noms et les prénoms.

I

La Constituante avait supprimé les titres, les armoiries,
les livrées. Elle avait interdit aux citoyens de prendre
d'autres noms que leur nom patronymique. Il semblait
que ces prescriptions démocratiques dussent satisfaire les
révolutionnaires les plus exigeants, même sous la Convention. Il n'en fut rien. D'autres appellations subsistaient,
qui choquaient leurs oreilles en rappelant par leur signification ou leur origine l'époque de la tyrannie des rois,
de la puissance de la noblesse, de la superstition religieuse et des inégalités sociales. On déclara la guerre à ces
appellations, et on voulut soumettre à une épuration sé-
vère tous les noms, noms de lieux et noms de personnes.

Mise en demeure de s'expliquer sur cette croisade d'un
nouveau genre, la Convention, au lieu de rendre un décret
en forme, se borna à donner son adhésion, en quelque
sorte incidemment, par un ordre du jour. A la séance du

24 brumaire an II (14 novembre 1793), une ci-devant religieuse mariée à un prêtre ayant sollicité l'autorisation d'ajouter à son nom celui de *Liberté*, Merlin demanda qu'il fût passé à l'ordre du jour, disant que la liberté et l'égalité appartiennent à toute la République, que tous les Français doivent les aimer, mais que personne n'en doit prendre le nom. Tout en réclamant aussi l'ordre du jour, c'est-à-dire en proposant à la Convention de ne pas légiférer sur une pétition de cette nature, le représentant auvergnat Romme, l'un des pères du calendrier récemment adopté, fit valoir d'autres motifs. « Je pense, dit-il,
» que chacun est libre de prendre le nom qui lui plaît le
» mieux. Si la Convention consacrait des exceptions mo-
» tivées selon l'avis de Merlin, il faudrait mettre à l'index
» la liste des vertus civiles et morales, ce qui serait une
» violation de la liberté. » Et la Convention, se laissant convaincre, adopta l'ordre du jour de Romme et reconnut que *chaque citoyen a la faculté de se nommer comme il lui plaît, en se conformant aux formalités prescrites par la loi.*

Quelles étaient ces formalités ? La Convention ne les indiqua pas et pour cause. La faculté reconnue aux citoyens étant absolument nouvelle, les lois et les édits anciens ne pouvaient fournir de précédents pour un cas qu'ils n'avaient pas prévu.

Ne trouvant pas sur ce point dans l'ordre du jour de la Convention des dispositions précises, chaque révolutionnaire procéda à sa guise.

En remplacement des prénoms inscrits sur les actes de baptêmes ou naissances, on s'affubla de noms de prétendus républicains grecs, romains ou français, ou de noms de personnages connus par quelque acte hostile à la tyrannie. Et ces prénoms nouveaux, les uns vinrent les déclarer soit à la commune, soit au district ou au département, soit moins officiellement au sein de la société populaire ; les autres, sans se préoccuper d'une déclaration

quelconque, les accolèrent purement et simplement, sans
autre formalité, à leur nom de famille. Quelques-uns, des
outranciers, ne se bornèrent même pas aux prénoms. Leur
nom de famille se trouvant avoir une couleur aristocra-
tique ou religieuse, ils se hâtèrent de s'en débarrasser
comme d'un insigne honteux et compromettant, ou bien
ils le défigurèrent par des mutilations ou par un badigeon
plus en harmonie avec leur nouvelle foi révolutionnaire.

II

On a dit que tous ces changements de noms étaient le résultat d'un *mouvement parti des couches profondes de la
nation* (1). L'affirmation n'est pas exacte. Autrement, comment expliquer que ce mouvement n'ait point gagné les
populations rurales c'est-à-dire la majorité de la nation?
Comment expliquer que dans les villes même, il ait été
très restreint? Comment expliquer enfin que sa durée ait
été aussi éphémère ?

Ce mouvement ne fut pas davantage le résultat d'un
mot d'ordre, d'un plan général concerté d'avance. Personne
à proprement parler n'en fut l'initiateur. Il éclata en quelque sorte spontanément et simultanément dans la plupart
des villes de France. Au milieu de circonstances identi-
ques, sous l'action des mêmes causes, des mêmes précédents, il n'est pas étonnant que les mêmes effets se
produisent.

La royauté avait disparu. Le culte catholique était
aboli, la féodalité anéantie. Dans toutes les provinces on
avait fait table rase des institutions établies; on avait
fermé et dépouillé les églises, brûlé les titres et jeté bas
les emblèmes qui se rapportaient à la noblesse ou à la
religion. Et cependant les démolisseurs, les destructeurs

(1) *Les Vocables révolutionnaires*, article du docteur Gaétan dans la revue historique *La Révolution française*, tome XIV, janvier-juin 1888.

n'étaient pas pleinement tranquillisés. Ils regardaient autour d'eux, et, en vigies prudentes et circonspectes, ils cherchaient à s'assurer si, plus ou moins prochainement, leur sécurité ne serait pas menacée, si leur marche ne risquait pas d'être entravée par quelque écueil ignoré, par quelque épave, si mince qu'elle fût, échappée au naufrage de l'ancien régime.

Le rapport que Romme présenta à la Convention le 20 septembre pour la suppression du calendrier grégorien fut, comme la révélation d'une de ces épaves, d'un de ces vestiges dangereux dont il était indispensable de se débarrasser si l'on voulait ne pas retomber sous le joug de la superstition et de la royauté. Mais ce n'était pas assez que de chasser du calendrier les noms des saints et d'empêcher les nouveau-nés d'être placés comme auparavant sous le patronage de ces *canonisés*. Il parut à ces fanatiques qu'on devait proscrire l'usage de ces appellations maudites non-seulement pour l'avenir mais même dans le présent, et qu'il fallait de toute nécessité leur substituer d'autres noms capables d'inspirer à tous l'amour de la patrie, l'horreur des prêtres et la haine de la tyrannie, des noms s'accordant mieux en un mot à l'orthodoxie révolutionnaire.

Des changements, des additions de noms ou prénoms avaient eu lieu antérieurement sous l'influence de la peur ou de l'exaltation (1). Mais c'est certainement à cette date que l'on peut placer le principal point de départ de la campagne antinominale.

Depuis quelque temps déjà diverses publications avaient

---

(1) Dans le deuxième bataillon des volontaires du Puy-de-Dôme formé en 1792, le capitaine d'une compagnie avait pris le nom d'*Eleuthérophile* et un de ses lieutenants, celui de *Misobasile*. (Voir : *Les Bataillons de Volontaires du Puy-de-Dôme*, par F. Mège, pages 48 et 54.) Mais, en réalité, ces noms fabriqués étaient plutôt des surnoms, des sobriquets que des prénoms substitués à d'autres. Ceux qui se les attribuaient avaient surtout pour but d'arborer leurs sentiments patriotiques en les condensant en une épithète significative.

d'ailleurs préparé les esprits à la possibilité d'une modification dans la nomenclature des saints du calendrier.

Sur la fin de l'année 1787, un athée, un libre-penseur, Sylvain Maréchal, voulant sans doute porter coup à un usage de la religion catholique, avait imaginé de publier un *Almanach des honnêtes gens* dans lequel il remplaçait les noms de saints catholiques par ceux de personnages illustres pris dans tous les pays et dans toutes les religions (1). Ce livre bizarre aurait probablement passé tout à fait inaperçu; mais un arrêt du Parlement du 7 janvier 1788 l'ayant condamné à être lacéré et brûlé par le bourreau, la curiosité publique fut naturellement éveillée. On lut la nouvelle nomenclature à Paris, on la lut dans les provinces. Ce fut une première impression.

Les années suivantes d'autres almanachs parurent, les uns visant à une réforme réelle du calendrier, d'autres purement satiriques et pleins de critiques, de jeux de mots et de plaisanteries plus ou moins spirituelles sur les noms des députés (2), mais les uns et les autres portant une main profane sur une nomenclature considérée jusque-là comme à l'abri de toute réforme.

Le *Calendrier du peuple franc pour servir à l'instruction publique, rédigé par une Société de philanthropes pour l'an II de la République* (Angers, an II), parait avoir

(1) Voici par exemple quelques-uns des noms que Sylvain Maréchal place dans le mois d'avril : Le 1, Bayard ; le 3, Jésus-Christ; le 6, Socrate; le 7, Platon ; le 12, Bossuet; le 15, Pindare ou Le Tasse; le 20, Michel Cervantès ; le 21, Numa Pompilius; le 24, Vincent de Paule ; le 25, Louis IX; le 26, Marc Aurèle; le 28, Shakespeare, etc.

(2) Ainsi *Le Nostradamus moderne*, almanach national et patriotique. Paris et Liège, 1790. — *Les Étrennes à la Vérité* ou l'*Almanach des Aristocrates*. Spa, 1790, — *L'Almanach de tous les saints de l'Assemblée nationale qui doivent se réunir dans la vallée de Josaphat après la Constitution*. Paris, 1791. — *L'Almanach des Aristocrates ou Chronologie épigrammatique des apôtres de l'Assemblée nationale*. Rome, 1791. — *L'Almanach du Républicain*. Paris, an II, etc. (Voir : *Les Almanachs de la Révolution* par Henri Welschinger, Paris, 1884. — *Étude sur le Calendrier républicain*, par Georges Villain, dans la revue historique *La Révolution française*, tomes 7 et 8.)

été l'œuvre de gens sérieux et convaincus. Il ne se contentait pas de détrôner les noms des saints catholiques pour les remplacer par des noms de personnages célèbres, il changeait aussi le nom des mois et des jours, devançant ainsi le calendrier de la Convention auquel sur quelques points il servit probablement de modèle ; et il n'inscrivait dans chaque mois que des noms de personnages appartenant à une même catégorie. Ainsi Janvier devait s'appeler le *mois des frimats* et il ne devait figurer sous chacun de ses jours que des noms de *législateurs, hommes d'État, politiques, orateurs* (ainsi : Lycurgue, Solon, Charondas, Platon, Cicéron, Lhospital, Sully, Bossuet, Rousseau, Penn, Turgot, etc.). Février, le *mois civique ou du serment* ne devait avoir que des noms d'*hommes vertueux* (par exemple : Cincinnatus, Aristide, Phocion, Agis, Caton, Vauban, Dassas, etc.). Mars ou *mois de la liberté,* des noms de *tyrannicides et amis de la liberté* (ainsi entre autres : Brutus, Pelopidas, Scævola, Gracchus, Agrippa, Tell, Milton, Francklin, Lepelletier, etc.). Avril ou *mois des fleurs* des noms de *femmes illustres,* etc. (1).

Cette même année 1793, à peu près au moment où la Convention accueillait la proposition de Romme sur la suppression du calendrier grégorien, Sylvain Maréchal reparut avec un autre almanach intitulé : *Almanach des républicains pour servir à l'instruction publique.* Dans cet almanach, comme dans celui des *Honnêtes gens* tous les saints du calendrier étaient supprimés et remplacés par des hommes plus ou moins célèbres. Dans le mois de Mars par exemple, le *mois des pères,* on voyait nommer côte à côte, Moïse, Virgile, le poète persan Saadi, Anacharsis, le Tasse, Lhospital, Thémistocle, Turgot, Phocion, Roland, Aristote, Jésus-Christ martyr *(sic),* Lycurgue, Miltiade, Aristide, etc.

Tous ces remplacements avaient sans doute paru au

______

(1) Georges Villain. *Étude sur le Calendrier républicain.*

CAHIERS(S) OU FEUILLET(S)

INTERVERTI(S) À LA COUTURE

RÉTABLI(S) A LA PRISE DE VUE

DE LA PAGE 9.. À LA PAGE

premier abord ridicules ou tout au moins singuliers et beaucoup n'y avaient vu qu'une sorte de parodie, de bouffonnerie anti-religieuse. Mais à la fin de 1793, le fanatisme ou la terreur aidant, il se trouva des gens pour applaudir aux propositions de Sylvain Maréchal et de ses imitateurs (1), et pour en faire l'application.

III

Dans le département du Puy-de-Dôme, l'agitation onomastique, si l'on peut l'appeler ainsi, se produisit comme dans les autres départements. On y opéra des modifications dans les noms des lieux et dans les noms des personnes ; et, après l'adoption de la nomenclature pittoresque imaginée par Fabre d'Eglantine, les nouveau-nés y reçurent des prénoms tirés du nouveau calendrier officiel (2). Toutefois, cette agitation ne s'étendit guère.

Parmi les populations rurales où les visées sont essentiellement positives, où l'on ne se paie point de mots, où l'on a d'ailleurs le culte de la tradition et où l'on est réfractaire aux nouveautés, on se soucia fort peu de modifications qui semblaient parfois plaisantes ou grotesques et dont on ne saisissait ni la portée ni l'utilité. A part de rarissimes exceptions, il est avéré qu'aucun paysan, aucun campagnard ne s'avisa d'échanger son prénom contre un autre.

Dans les petites villes, dans les chefs-lieux de district, là où parvenaient des journaux, là où il y avait des centres

---

(1) Le 14 du premier mois (5 octobre 1793), la commune de Paris, *pour effacer jusqu'à la moindre trace du fanatisme*, donna son approbation officielle au nouveau calendrier de Sylvain Maréchal.

(2) Nous avons exposé ailleurs les différents changements imposés aux noms de plusieurs localités de la basse Auvergne. Nous avons parlé aussi des nouveaux prénoms donnés dans les actes de naissance. (Voir : *Formation et organisation du département du Puy-de-Dôme*. Paris, Aubry, 1874. — *Le Puy-de-Dôme en 1793 et le Proconsulat de Couthon*. Paris, Aubry, 1877.)

d'excitation, des foyers d'exaltation mutuelle comme les clubs, les sociétés populaires, les comités de surveillance, les rassemblements militaires, là où les représentants en mission, souverains itinérants, s'arrêtèrent pour tenir leurs assises, il se rencontra un plus grand nombre de ces troqueurs de noms.

Ainsi, à Billom, à Riom, à Besse, à Issoire, à Montaigut, quelques-uns des révolutionnaires les plus attitrés, subissant l'entraînement, s'empressèrent de chercher, le plus souvent dans les listes des almanachs, des noms plus significatifs que ceux inscrits dans leur acte de naissance et surtout plus en harmonie avec les passions dominantes.

Mais dans la plupart des cas, comme aucun règlement n'avait été édicté à ce sujet, ces substitutions de noms ne furent pas constatées officiellement. L'enthousiasme, même lorsqu'il est de commande, dédaigne les formes administratives. Dans les réunions, on se rebaptisait mutuellement, par acclamation. D'autrefois, les citoyens faisaient leur choix isolément et sans solliciter aucune espèce d'investiture. Ainsi firent entr'autres les officiers du cinquième bataillon des volontaires du Puy-de-Dôme qui se décorèrent des prénoms de *Cassius, Caton, Horatius, Calas, Lepelletier, Marcius, Châlier, Scœvola, Decius*. Ainsi, à Riom, un des membres du conseil général de la commune, craignant sans doute d'être compromis par son nom de famille, *Montroy*, ne voulut plus s'appeler que *Montlibre*. A Billom, un des administrateurs du district remplaça son prénom et son nom patronymique par les noms plus accentués de *Marat la Montagne*. A Vic-sur-Allier, ci-devant Vic-le-Comte, le secrétaire de la commune, Lachenal, s'octroya le prénom de *Platon*. A Issoire, le 26 brumaire, dans une réunion de la société populaire présidée par Couthon, un certain nombre de citoyens, l'un excitant l'autre, abdiquèrent le nom de saint qu'ils portaient pour prendre ceux de Curtius, Marat, Lepelletier et autres, et, ajoute l'auteur de la lettre où est racontée cette séance :

« Moi qui étais présent à la séance, j'abdiquai celui d'An-
» toine pour prendre celui de Brutus (1).

Quelques-uns des troqueurs cependant, plus fanatiques
ou plus méthodiques et plus scrupuleux, voulurent l'inter-
vention d'une autorité constituée pour consacrer les nouveaux noms qu'ils s'étaient attribués.

Ainsi à Issoire, un sieur Bayle *qui voyait*, disait-il,
*avec la plus douce satisfaction la vérité succéder à l'er-
reur et le culte de la raison au fanatisme religieux*, vint
requérir le district d'avoir à prendre note de l'intention
où il était de changer le nom de *Pierre* qui lui avait été
donné au baptême pour celui de *Châlier, l'un des martyrs
de la liberté*. A Montaigut-en-Combrailles, un citoyen

(1) Poussant la logique jusqu'au bout, les Jacobins d'Issoire ne se contentèrent pas
de démolir les noms des saints. Le lendemain, ils consacrèrent une nouvelle séance à
brûler leurs statues. S'il fut dressé procès-verbal de ces diverses destructions, ce que
nous ignorons, ce procès-verbal ne nous est pas parvenu. Mais nous avons pour y
suppléer la lettre plus haut citée dont voici le texte complet :

　　　　« AU COMITÉ DE SURVEILLANCE D'AMBERT
　　　» Frères et Amis,
　　» Un vrai républicain croirait commettre un crime s'il laissait ignorer à ses collègues
» la chasse brillante que les sans-culottes d'Issoire viennent de donner aux saints et
» aux vierges de leur pays.
　　» Le 26 brumaire, la Société populaire s'assembla. Le citoyen Couthon, représentant
» du peuple, présida la séance. Presque tous les prêtres des environs vinrent déposer
» sur le bureau leurs lettres de prêtrise et abdiquer leur qualité de prêtres pour prendre
» celle de sans-culottes. Les hommes de loi en firent autant de leur côté. Un nombre
» considérable d'autres citoyens abdiquèrent le nom de saint qu'ils portaient pour
» prendre celui de Curtius, Marat, Lepelletier et autres. Moi, qui étais présent à la
» séance, j'abdiquai celui d'Antoine pour prendre celui de Brutus, sous la réserve que
» je me fis cependant du compagnon de mon ci-devant patron.
　　» Le lendemain, un repas de corps fut donné au représentant, à la suite duquel il
» fut arrêté que, pour finir d'extirper le fanatisme, tous les saints et vierges en métaux
» entreraient dans le creuset et que ceux en bois seraient brûlés. Cet arrêté fut
» exécuté à l'instant même. Plus de deux cents saints ou vierges de différents âges
» et corporations furent portés sur la place publique, à l'exception de saint Crépin qui
» s'y rendit dans sa voiture et saint Georges à cheval. Tous arrivés au lieu de leur
» destination, nous en formâmes une pyramide magnifique qui était surmontée de
» l'ange Raphaël annonçant avec sa trompe le jugement général. Cela fait, nous y
» mîmes le feu avec un char de lettres de fondation, terriers ou vieux missels. Une
» flamme lugubre s'éleva jusque dans les nues. Tout nous annonçait que nous brûlions

André Chevalier, se disant *vrai sans-culottes*, obtint du district un arrêté l'autorisant à se dépouiller de noms qui rappellent la tyrannie féodale. « Vu la pétition, disait
» cet arrêté, l'assemblée jalouse de saisir toutes les occa-
» sions qui lui présentent l'heureux avantage de contri-
» buer à faire oublier jusqu'au nom de ce monstres qui
» ont privé pendant dix-huit siècles les humains de la
» douce jouissance de la liberté et de l'égalité, et voulant
» donner au citoyen Chevalier, vrai sans-culottes, une
» preuve non équivoque de son affection, ouï le procureur
» syndic, ARRÊTE que le citoyen André Chevalier qui a
» jusqu'à ce jour porté ces noms et prénoms, s'appellera
» désormais *Fervidor Valier*, qu'il demeure en consé-
» quence autorisé à signer ainsi tous les actes qui exige-
» ront sa signature; que pour prévenir toutes erreurs et

» des indulgences et des choses saintes. Plusieurs de ces pauvres saints faisaient la
» grimace. Mais aucun d'eux n'osa dire mot, à l'exception de saint Crépin qui, aussitôt
» que le feu prit à sa voiture, voulait s'évader. Mais le cercle fut si resserré qu'il fut
» obligé de retourner à son premier poste, à pied, attendu que ses chevaux furent mis
» en réquisition ainsi que celui de saint Georges. Le plus sot de tous fut saint Verny,
» patron des vignerons, qui, comme Louis Capet, croyait que les bons biberons
» demanderaient grâce pour lui. Mais quelle fut sa surprise lorsqu'au moment où il
» croyait haranguer le peuple, il entendit Raphaël qui sonnait si fortement de sa trompe
» que personne ne put rien entendre! Il fut pour lors déconcerté, et se résolut à suivre
» ses camarades.
» Enfin dans cette soirée tous les saints et vierges d'Issoire furent brûlés à l'excep-
» tion des vivants.............
» Cette expédition faite, il fut nommé des commissaires pour se rendre dans toutes
» les communes du district y inviter les municipalités à en faire autant et y requérir
» les vases et ornements des églises. Je pense que cette épidémie aussi salutaire à tous
» les Français ne tardera pas à se propager dans vos contrées. Après cela, nous pour-
» rons dire avec certitude que le fanatisme est aux abois et que dans peu nous serons
» délivrés de ces ennemis ecclésiastiques qui sont la source de tous nos maux.
» Depuis cette nouvelle, nos saints enragent dans leurs niches. Le temps leur dure
» d'aller joindre leurs camarades. Si vous êtes humains, ne les laissez plus languir.
» Salut et fraternité.

                            » Signé : (*illisible*).

» Saint-Germain-l'Herm, 2 frimaire an II
     » de la République une et indivisible. »

(Archives départementales. Fonds du district d'Ambert. Secrétariat. Liasse n° 29.)

» préjudices que pourrait occasionner ce changement, il
» lui sera permis de faire imprimer le présent arrêté jus-
» qu'à concurrence de cent exemplaires. Fait et délibéré
» en conseil général du district de Montaigut, le 7 fri-
» maire de la 2e année de la République française (1). »

A Clermont, dès le 10 brumaire, les administrateurs
du district, statuant sur la demande à eux présentée par
leur secrétaire Étienne Dartois, ancien secrétaire de l'assemblée d'Élection de Clermont, lui accordèrent la per-
mission provisoire de prendre le nom d'*Étienne Botte*.
Sous ce nom très roturier, le citoyen Dartois espérait évidemment avoir moins de chance de devenir suspect qu'en
continuant à s'appeler comme le second frère du roi
Louis XVI. Le fanatisme n'était pour rien dans sa déter-
mination.

Si les districts se prêtaient volontiers à enregistrer les
changements demandés, ils n'avaient, à vrai dire, aucune
qualité pour le faire, leurs attributions ordinaires n'ayant
aucun rapport avec l'état civil des citoyens. Seules, les
administrations municipales, auxquelles la loi de 1792
venait de confier la tenue des registres de naissances,
mariages et décès, pouvaient se croire fondées à jouer un
rôle dans la circonstance. Aussi quelques-unes, celle de
Clermont notamment, ne négligèrent-elles pas de s'attribuer ce qu'elles considéraient comme leur droit exclusif.

On était à la fin de brumaire an II. Les représentants
Couthon et Maignet venant de Lyon étaient rentrés à
Clermont, et, avant de retourner à Paris, s'occupaient à
perfectionner l'œuvre de réforme révolutionnaire qu'ils
avaient commencée dans le département du Puy-de-Dôme.

Couthon n'était pas l'ami des cérémonies catholiques

(1) *Archives départementales. Fonds du district de Montaigut. Registre de
délibérations.*

non plus que celui des saints du calendrier; il l'avait bien montré en ordonnant l'impression et la distribution de certains couplets satiriques intitulés : *Litanies des saints convertis en monnaie* dont il avait eu communication à Ambert (1). Il l'avait montré plus encore en faisant analyser la relique du *Précieux Sang* conservée à Billom et en présidant les réunions iconoclastes d'Issoire. Il n'est donc pas étonnant qu'il ait abandonné alors son prénom de Georges pour adopter celui d'*Aristide* que les sociétés populaires lui avaient conféré (2).

Toutefois, il est à croire que si Couthon avait attaché une importance capitale et immédiate à la déchéance du patronage des saints, il aurait, étant présent à Clermont, réclamé pour l'exemple l'inscription de son changement de prénom en tête du nouveau registre de l'état civil. S'il avait considéré comme un article de foi patriotique l'expurgation obligatoire des noms des citoyens, il aurait certainement pris un arrêté analogue à celui qu'Alexis Monteil met sous la plume d'un représentant en mission, en ces termes : « A. Chambre, représentant... ARRÊTE :
» Tout citoyen portant un nom de tyran, tel que le roi,
» l'empereur, le prince; ou de noble, tel que le duc, le
» marquis, le comte, le baron, le chevalier, l'écuyer; ou
» de féodalité, tel que château, du châtel, latour; ou de
» modéré, tel que le doux, la rose, la violette, le gentil,
» petit-pas; ou rappelant la superstition, tel que Martin,
» Bernard, Benoit, pourra en changer et en prendre un
» de républicain grec, romain ou français, ou d'époque

(1) *Chansons politiques et satiriques en Auvergne pendant la période révolutionnaire,* par F. Mège. Clermont, 1888.

(2) « J'ai livré un combat à mort aux prêtres, aux saints, aux cloches et à toutes » les reliques possibles, » écrivait-il le 26 brumaire au Comité de Salut public, en lui annonçant son changement de nom.

(*Le Puy-de-Dôme en 1793 et le Proconsulat de Couthon,* par F. Mège.)

Quelques jours après, à la fête célébrée à Clermont le 30 brumaire en l'honneur de Chälier, deux autres conventionnels furent également rebaptisés par les assistants. Goupilleau fut appelé *Tell* et Maignet *Publicola.*

» révolutionnaire, ou de production minérale, végétale,
» animale, ou d'instrument d'agriculture, ou enfin de
» meuble, à la charge toutefois d'en faire la déclaration à
» la municipalité (1). »

Au lieu de cela, dans son arrêté du 24 brumaire relatif
aux cultes, Couthon se contenta d'ordonner d'une manière
générale *la destruction de tous les signes extérieurs des
cultes* sans rien spécifier pour les noms des saints catholiques. Enfin, il ne conserva son nouveau nom d'*Aristide*
que pendant quelques semaines (2).

Mais si les changements de prénoms ne lui appa-
raissaient pas comme absolument indispensables, il n'a-
vait garde cependant de leur montrer de l'hostilité.
Membre de la Montagne conventionnelle, entouré de
sectaires soupçonneux, il était fatalement condamné à
ne pas se laisser dépasser en ferveur révolutionnaire,
à faire bon visage à toutes les utopies et à souscrire à
toutes les mesures imaginées par le fanatisme et l'into-
lérance.

Il avait laissé modifier son prénom ; il ne pouvait qu'être
favorable aux dispositions ayant pour but d'encourager
les citoyens à adopter des modifications de même nature.
C'est donc certainement avec son approbation, sinon sur
son initiative, que le 25 brumaire an II (15 novembre
1793), avant même de connaître l'ordre du jour motivé
voté la veille par la Convention, la municipalité de Cler-

(1) *Histoire des Français de divers états.* Tome V. *Décade des corps constitués
de l'an II.*

(2) La lettre du 6 nivôse an II (26 décembre 1793), mentionnée dans sa *Correspondance inédite* (publiée par F. Mège. Paris, Aubry, 1874) est simplement signée
Couthon. La signature *Aristide Couthon* employée dans les précédentes est abandonnée
définitivement et désormais *Aristide* ne reparaîtra plus.

Comme Couthon, Robespierre semble ne pas avoir été un partisan très décidé du
remaniement du calendrier. C'est ce que l'on peut inférer, paraît-il, d'une note de sa
main inscrite sur un carnet conservé aux Archives nationales. (*E. Hamel. — Histoire
de Robespierre*, tome III, page 163. — *Welschinger. Les Almanachs de la Révolution*, page 52.)

mont se fit autoriser par le conseil général de la commune à ouvrir un nouveau registre d'état civil (1). Ce registre, destiné à recevoir les déclarations de changements de prénoms, avait pour but de régulariser ainsi, en leur donnant une apparence officielle, les modifications apportées aux actes antérieurs.

La mesure était louable sans doute en ce qu'elle devait parer aux inconvénients qu'un défaut de constatation ne pouvait manquer de produire dans l'avenir. Mais elle n'était pas en rapport avec la réalité des choses. Là où il n'y avait qu'une agitation superficielle très circonscrite et sans durée possible, les officiers municipaux de Clermont, trompés par leur ferveur révolutionnaire, avaient cru voir comme une sorte de grand courant qui, sorti des profondeurs de la nation, allait, en vulgarisant le nom des héros du patriotisme, aider à la propagation des idées nouvelles que la Révolution avait fait éclore. Et ils étaient persuadés que peu à peu ce courant ne pouvait manquer d'entraîner toutes les classes des citoyens.

Ils ne tardèrent pas à être désabusés.

Le dépouillement du registre ouvert d'après leurs

---

(1) *Extrait du registre des délibérations du Conseil général de la commune de Clermont.* Volume 32 :

« *Séance du 25 brumaire an II.* Verdier-Latour, président. — Sur l'observation » faite par les officiers publics qu'il serait essentiel d'avoir un registre pour recevoir » la déclaration des citoyens qui voudraient changer leurs prénoms, le Conseil général » autorise les officiers publics à ouvrir un registre pour cet objet.

» *Séance du 26 brumaire.* — La Société populaire envoie des commissaires à la » commune pour l'inviter à changer le nom des rues dont les noms ont trait au fana- » tisme ou à la féodalité. — Le Conseil arrête que le bureau de régie fera faire ces » changements et qu'il s'adjoindra tel citoyen qui lui paraîtra convenable pour cet » objet. Arrête que les frais de ces changements seront supportés par les particuliers » dont les maisons font le coin des rues.

» *Séance du 29 brumaire.* — Le citoyen Lémery, commissaire des guerres, écrit » à la commune et prend le prénom de *Mutius.* Le Conseil arrête qu'il sera écrit au » citoyen Lémery pour l'inviter à se faire inscrire préalablement sur les registres de la » commune et arrête que nul citoyen ne pourra changer son nom qu'autant qu'il en » aura fait dresser acte par les officiers publics. »

vues (1), dans le chef-lieu du département, c'est-à-dire
dans la ville la plus populeuse de la région, celle qui comp-
tait le plus de sans-culottes, le plus de fanatiques, ce dépouillement sera la meilleure démonstration du caractère
factice de ce prétendu courant national et du peu d'étendue
de son action dans le département du Puy-de-Dôme.

En tête de ce registre d'état civil de nouvelle sorte, se
lit la mention suivante : « Le présent registre composé de
» deux cents feuillets et destiné à recevoir les déclarations
» des citoyens qui voudront changer leurs noms et pré-
» noms, conformément à l'arrêté du conseil général de
» la commune, du 25 brumaire de l'an second de la Répu-
» blique française une et indivisible, a été coté et paraphé
» à chaque feuillet par moi soussigné premier officier mu-
» nicipal de la commune de Clermont-Ferrand le 27 bru-
» maire de l'an second de la République française une et
» indivisible. *Signé* : VERDIER-LATOUR, officier muni-
» cipal. »

Sur les deux cents feuillets, ou 400 pages, dont ce registre se composait à l'origine, dix-neuf pages seulement
ont été utilisées. Ces dix-neuf pages contiennent soixante-
quatre déclarations, dont sept de changements de noms
et de prénoms (2), et cinquante-sept de changements de
prénoms seuls, plus six déclarations de renonciation à
prêtrise sans autre modification (3).

(1) Ce registre fait partie des Archives municipales de Clermont-Ferrand. Nous en
devons l'indication et la communication à l'obligeance de M. E. Vimont, bibliothécaire
archiviste de la ville.

(2) Le sieur Alexis Chevalier devient *Télémaque Martial*; Jean Prieur, officier
municipal, *Agricola Solon*; Louis Roy, tailleur, *Tell Bressol* et sa fille Marie Roy,
l'*Unité Bressol*. Enfin un sieur Théodore Biffaud, originaire de la Haute-Loire, ne
veut plus s'appeler que *Décius le bien-aimé*. — Les quatre premières modifications
sont explicables. *Chevalier, Prieur, Roy*, ce sont là des appellations malsonnantes et
dangereuses pour l'époque. Mais la dernière !

(3) En insérant ces renonciations la municipalité de Clermont voulut sans doute
imiter la commune de Paris qui, le 7 novembre, avait décidé la création d'un registre

Sauf une fois où interviennent des témoins pour corroborer la demande d'une jeune fille de sept ans qui veut substituer le nom de *Clélie* à celui de Marie, les déclarations sont uniquement signées par ceux qui changent de noms et contresignées par un ou plusieurs officiers municipaux. En majeure partie, ces déclarations sont conçues en termes administratifs, sans réflexions ni récriminations. Elles mentionnent simplement que le déclarant entend porter désormais le nom de .... au lieu de celui qui lui avait été donné à l'époque de sa naissance (1). Il n'y en a que huit où les comparants indiquent plus ou moins brièvement le mobile auquel ils ont obéi, la raison qui a motivé leur démarche. L'un dit qu'il renonce au prénom *que le fanatisme religieux lui avait donné à l'époque de sa naissance.* Un autre déclare, « qu'en » vrai sans-culottes et en bon républicain il veut prendre » et porter désormais le prénom de *Rousseau* au lieu et » place de Blaise qui lui avait été donné lors de sa nais- » sance, ajoutant que le prénom de Rousseau est analogue

sur lequel on inscrirait les noms des ministres du culte qui voudraient se déprêtriser. Seulement elle jugea qu'un seul registre suffirait à Clermont pour contenir les répudiations de toute nature.

(1) Voici le texte de la déclaration faite pour son propre compte par le premier officier municipal, Verdier-Latour : « Aujourd'hui 27 brumaire, an second de la Répu- » blique française une et indivisible, a comparu en la maison commune et par-devant » nous officiers publics soussignés, Michel-François Verdier-Latour, fils de défunts » Pierre Verdier-Latour et Anne Blandinière, originaire du lieu de Saint-Alyre, mu- » nicipalité de Monton, né le   jour du mois de juillet 1742, ci-devant religieux de la » congrégation de Saint-Maur, et maintenant officier municipal de cette commune, y » habitant section du Puy-de-Dôme, qui nous a déclaré qu'il entend désormais porter » le prénom et le nom de *Bias Verdier*, au lieu de ceux de Michel-François Verdier- » Latour qui lui avaient été donnés à l'époque de sa naissance ; et nous a déclaré de » plus avoir remis le 23 présent mois ses lettres de prêtrise au représentant du peuple » Couthon, pour être remis à la Convention nationale. De tout quoi il nous a requis de » dresser acte sur le registre à ce destiné. En conséquence nous, officiers publics » soussignés avons dressé le présent acte que ledit Bias Verdier a signé avec nous » lesdits jour et an.
 « *Signé* : Bias Verdier, — J.-E. Dumazet, officier public ; — Truchon, officier » ministériel ; — Imbert, officier public. »

» à son caractère. » D'autres, qui changent à la fois de noms et de prénoms ne veulent plus de ces dénominations » qui leur avaient été données à l'époque de leur nais- » sance et qui rappelant des idées de fanatisme et de » féodalité ne peuvent plus convenir à un bon républi- » cain. » Un autre, le fils d'un notaire, craignant sans doute qu'on n'interprète mal son inscription tardive sur le registre, déclare qu'il veut porter et *s'est donné depuis un mois* le prénom de Diogène.

Des soixante-quatre déclarations que contient le re- gistre, quarante-quatre ont été faites dans les cinq ou six premiers jours (les 27, 29 et 30 brumaire, 1 et 3 frimaire). Puis le mouvement se ralentit, pour cesser bientôt com- plètement. La première déclaration inscrite porte la date du 27 brumaire an II (17 novembre 1793) (1), et la der- nière celle du 3 nivôse an II (2 janvier 1794). L'agitation onomastique n'a donc eu d'effet constaté à Clermont que pendant un mois et demi.

Si l'on décompose le personnel des déclarants, on trouve que sur soixante-quatre, dont trente-six seulement sont originaires de Clermont, il y a six fonctionnaires civils, juges, juges de paix ou greffiers; — cinq militaires, offi- ciers de la garde nationale ou vétérans; — sept officiers municipaux, notables ou membres du conseil général de la commune; — un homme de loi; — sept employés du département ou de la municipalité; — deux professeurs ou instituteurs; — sept marchands; — huit anciens prêtres ou religieux (sans compter ceux qui renoncent simple- ment à la prêtrise); — neuf enfants ou jeunes gens (dont 3 jeunes filles) de moins de vingt-cinq ans; — et douze individus non spécialement qualifiés.

Presque tous ces déclarants appartiennent à la bour- geoisie. Il n'y en a que trois tenant à la noblesse : l'ancien

(1) C'est celle du secrétaire général du département, Jean-Baptiste-Claude Abraham, qui vient échanger ses prénoms contre celui de *Scævola*. La déclaration Verdier- Latour dont nous avons donné le texte plus haut est la seconde par ordre d'inscription.

colonel de la garde nationale de Clermont, le général comte de Chazot, qui choisit le prénom de *Thémistocle;* — Claude-Alexis Mabru, anobli par l'exercice d'une charge de trésorier de France à Riom, qui échange ses prénoms contre celui de *Châlier;* — et enfin le neveu de M. Guerrier de Besance, premier président de la Cour des Aides, qui vient répudier ses noms de Joseph-Édouard du Mazet pour prendre ceux de *Phocion Mazet.*

En revanche, aucun véritable ouvrier, aucun journalier ou cultivateur ne figure parmi ces 64 débaptisés. Chose singulière aussi, l'administration départementale, composée de Jacobins purs, triés par Couthon, et qui devrait ce semble donner l'exemple en cette circonstance, n'est représentée que par son secrétaire général, Abraham. Manquent également la plupart des juges du tribunal, des membres du district et de ceux du conseil général de la commune. Les officiers municipaux, promoteurs de la création du nouveau registre ne sont même pas tous parmi les troqueurs de noms. Bien plus, si parmi ceux dont la signature est au registre pour certifier les déclarations, quelques-uns comme Verdier-Latour *(Bias Verdier)*, comme du Mazet *(Phocion Mazet)*, comme Truchon *(Ésope Truchon)*, comme Montaloi *(Fabricius Montaloi)*, n'ont pas voulu être les derniers à se rebaptiser, d'autres comme les citoyens Habriac, Imbert, Leymery, n'ont pas jugé à propos de faire des déclarations personnelles et de se débarrasser à leur tour de leur nom de baptême.

Peut-être faut-il attribuer en partie ces abstentions au respect humain! Beaucoup, même parmi les sans-culottes connaissent, sinon le texte, au moins la signification du dicton latin : *verba volant, scripta manent.* Or, tenir des propos virulents, intolérants, enfler la voix, renier ses paroles, ses opinions, ses croyances passées, changer de nom, s'affubler dans les réunions d'une dénomination grecque ou romaine, tout cela n'est ni bien difficile, ni

bien dommageable. Il ne doit point en rester de traces.
Mais, faire dresser acte de ce changement dans un registre destiné à survivre et à être conservé, se vouer peut-
être ainsi, soi et les siens, au ridicule pour de longues
années! Il y a là de quoi inspirer de fortes réflexions à
ceux que le fanatisme et l'esprit de secte n'a pas tout à
fait aveuglés, de quoi arrêter ceux qui n'ont pas une
conviction bien affermie.

Est-ce bien d'ailleurs une conviction véritable qui a
amené à la Maison commune les soixante-quatre troqueurs
de noms mentionnés dans le registre? Quelques-uns sont
sincères, cela n'est pas douteux. Mais parmi les autres, il y
a dix enfants ou jeunes gens dont cinq ayant moins de
treize ans. Est-ce qu'on peut les croire conscients de la
démarche qu'ils viennent de faire? Mais sur les huit
prêtres ou religieux déclarants, il y en a quatre ou cinq
dont le sans-culottisme ne semble vraiment pas de bon
aloi, à en juger par les noms qu'ils ont choisis. Ce sont
des noms d'une signification bien inoffensive, bien terne,
bien peu tapageuse pour l'époque. Ainsi, un ancien chanoine de Montferrand veut s'appeler *Juvénal;* un autre,
un religieux bernardin, prend le nom d'*Arsène;* un troi-
sième, celui d'*Agricola;* un ci-devant bénédictin, celui
de *Démocrite;* un autre enfin celui de *Miton* (1). Peut-on
voir dans ces changements-là de véritables manifestations
antireligieuses et antimonarchiques? Que dire aussi d'une
jeune fille de 24 ans qui se décerne le nom d'*Éléonore* en
remplacement de celui d'Antoinette, lequel, dit la décla-

(1) Le nom de *Miton* a été porté par différents personnages. On peut citer entre
autres un M. Miton dont parle Sainte-Beuve dans son *Port-Royal* et qui fut un des
amis de jeunesse du grand Pascal.

Ce n'est évidemment pas celui-là qui a servi de parrain dans la circonstance présente.
C'est bien plutôt un Miton, prêtre d'Afrique, qui fut martyrisé dans les premiers
siècles de l'Église et dont la fête se célèbre le 4 mai; à moins que ce ne soit tout bon-
nement un ami, un confrère, M. Miton, chanoine de Notre-Dame du Port à Clermont.
Peut-être s'agit-il aussi de *Millon* dont le déclarant aurait emprunté le nom au *Calendrier du peuple franc*, lequel nom se serait défiguré en chemin!

ration, *rappelant des idées de fanatisme ne peut plus convenir à une bonne républicaine?* Cette déclaration n'est-elle pas évidemment dictée par le désir d'échapper aux risques que pouvait occasionner un prénom porté par la femme du tyran Louis XVI?

Si le nombre restreint des mutations enregistrées à Clermont indique le peu de popularité du travestissement prénominal imaginé par le fanatisme, la nature des prénoms choisis prouve également, ce qui du reste a été maintes fois constaté, qu'en Auvergne les innovations politiques ou autres sont d'ordinaire assez froidement accueillies par le plus grand nombre, et que, parmi ceux-là même qui s'y soumettent, il ne se rencontre que fort peu d'exaltés.

Ainsi pour quelques prénoms à allure ou signification violente : — 2 *Marat*, — 1 *Châlier*, — 1 *Brutus*, — auxquels on peut ajouter 7 *Tell*, bien que Guillaume Tell personnifie moins la haine des rois que l'amour de l'indépendance, on trouve dans le registre de la municipalité de Clermont : 15 noms de philosophes ou écrivains grecs (1), 15 noms de personnages plus ou moins marquants de l'histoire romaine (2), *6 Rousseau, 2 Émile, 3 Franklin, 2 Libre, 1 Penn, 1 Équaire* (mis pour *Équerre*, sans doute, et emprunté au formulaire maçonnique), 4 appellations abstraites : *Égalité, l'Unité, la Raison, Montagne* et 4 prénoms — *Milon, Arsène, Dassas, Éléonore* — sans aucun rapport apparent avec les intentions révolutionnaires des promoteurs de la réforme.

---

(1) 1 Bias, — 1 Phocion, — 1 Démocrite, — 1 Télémaque, — 3 Aristide, — 1 Pythias, — 1 Timoléon, — 1 Ésope, — 1 Diogène, — 2 Thémistocle, — 1 Héraclite, — 1 Philotime.

(2) 1 Juvénal, — 1 Gracchus, — 1 Decius, — 1 Mutius, — 1 Fabricius, — 2 Publicola, — 2 Agricola, — 2 Scævola, — 2 Camille, — 1 Lentulus, — 1 Clélie.

IV

A quel moment disparut la mode des nouveaux noms?
Il serait difficile de formuler une indication précise à cet
égard. Les modes, les usages prennent fin par désuétude,
insensiblement et non pas subitement, brusquement, à
un signal donné. A en juger par la date de la dernière
déclaration insérée dans le registre d'état civil dont nous
avons fait le dépouillement, par la date aussi de la lettre
où Couthon se reprenait à signer Couthon tout court,
sans adjonction d'*Aristide*, on peut dire qu'à partir du
mois de pluviôse an II (février 1794), il ne se produisit,
en Auvergne du moins, presque plus de changements. La
plupart des rebaptisés négligèrent dès lors l'emploi des
désignations dont ils s'étaient affublés et revinrent peu à
peu à leurs anciens noms.

Postérieurement à cette date nous avons cependant à
mentionner un changement, le dernier probablement qui
se produisit dans le département du Puy-de-Dôme. C'est
celui qui fut effectué après le 9 thermidor par le frère et le
fils du conventionnel Couthon. Le 30 thermidor an II,
Pierre Couthon, notaire à Orcet près Clermont-Ferrand,
vint déclarer au conseil général de sa commune *que les
circonstances ne lui permettant point de conserver plus
longtemps le nom propre sous lequel il a été connu jusqu'à présent*, il est dans l'intention de l'abdiquer et de
signer désormais du nom de sa mère, *Lafon*, les actes qu'il
recevra comme notaire. Et aussitôt, le conseil de la commune *ne trouvant aucun inconvénient à ce changement
de nom*, autorise la substitution de Pierre Lafon à Pierre
Couthon. Le même jour, le sieur Antoine Brunel, beau-
père de Couthon et maire d'Orcet, vient faire pareille
abdication au nom d'Antoine Couthon, son petit-fils

mineur qui s'appellera à l'avenir Antoine Brunel du nom de sa mère (1). *Væ victis !*

La Convention ne tarda pas d'ailleurs à se prononcer formellement contre la réforme avortée. Le 4 fructidor an II (21 août 1794), Bréard, député de la Charente-Inférieure fit adopter en principe une proposition défendant à tout Français de porter d'autre nom que le nom de son père. « Croyez-vous, dit-il, que les gens qui sont » venus à notre barre en se parant du nom de Socrate » eussent bu la ciguë si on la leur eût présentée? Non, » non. Ils l'eussent rejetée bien loin, et vous n'auriez » plus aperçu en eux que l'intrigant et l'imposteur. Ce » n'est pas les noms des hommes illustres de l'antiquité » qu'il faut usurper; ce sont leurs vertus qu'il faut imiter, » qu'il faut surpasser s'il est possible. » Et, deux jours après, le 6 fructidor, sur le rapport de Cambacérès, la Convention adopta un décret ainsi conçu :

« Article 1. — Aucun citoyen ne pourra porter de » noms ni de prénoms autres que ceux exprimés dans son » acte de naissance. Ceux qui les auront quittés seront » tenus de les reprendre.

» Art. 2. — Il est également défendu d'ajouter aucun » surnom à son nom propre à moins qu'il n'ait servi jus-» qu'ici à distinguer les membres d'une même famille, » sans rappeler des qualifications féodales ou nobiliaires.

» Art. 3. — Ceux qui enfreindront les dispositions des » deux articles précédents seront condamnés à six mois » d'emprisonnement et à une amende égale au quart

(1) *Bulletin historique et scientifique de l'Auvergne*, novembre 1886. — Et dire que, quelques mois auparavant, en brumaire an II (novembre 1793), non-seulement les amis et les parents de Couthon ne songeaient pas à le renier, mais quelques-uns de ses thuriféraires les plus dévoués poussaient l'adulation jusqu'à s'approprier son nom de Couthon pour en faire leur prénom ! (Voir : *Le Puy-de-Dôme en 1793 et le Proconsulat de Couthon*, III⁰ partie, chap. 2, § 3.)

Bien plus tard, devenu soldat, le fils de Couthon se refusa, dit-on, à un nouveau reniement qui cependant lui aurait valu alors un grade d'officier. (*Correspondance inédite de Georges Couthon*, publiée par F. Mège, page 336.)

» de leurs revenus. La récidive sera punie de la dégra-
» dation civique. »

Ce décret n'éprouva guère d'opposition parmi les représentants. Éclairée par une expérience de plusieurs mois,
la Convention comprenait qu'elle avait fait fausse route
en votant son ordre du jour du 24 brumaire, c'est-à-dire
en autorisant les sectaires à pousser à la révision des noms
et prénoms, autrement dit à la destruction d'actes publics
parfaitement réguliers ; et en laissant, d'autre part, à
chacun la liberté d'accepter ou de refuser toute modification, ce qui établissait deux catégories, contrairement au
principe de l'égalité devant la loi. Elle avait pu apprécier
aussi combien un tel remaniement était mal accueilli ;
combien il avait peu de chance d'être adopté par la majorité de la nation, s'il était laissé facultatif ; et enfin quelle
profonde perturbation il apporterait dans les traditions et
les habitudes aussi bien que dans les relations des diverses
classes de citoyens, s'il était rendu obligatoire (1).

(1) Comme le décret du 6 fructidor ne parlait que des *changements* de noms et
prénoms, les citoyens continuèrent à demeurer libres de donner à leurs enfants, lors
de leur naissance, les prénoms qui leur convenaient. Mais en l'an XI, un décret du
11 germinal (1er avril 1803), vint restreindre à son tour et régler cette liberté, en déci-
dant que « les noms en usage dans les différents calendriers et ceux des personnages
» connus de l'histoire ancienne pourraient seuls être reçus comme prénoms sur les
» registres de l'état civil destinés à constater les naissances. » Le calendrier grégorien
ayant remplacé depuis le calendrier républicain à la date du 11 nivôse an XIV
(1er janvier 1806), il s'ensuit que c'est lui seul maintenant que vise la loi du 11 germinal.

Clermont-Ferrand, imprimerie Mont-Louis, rue Barbançon, 2.

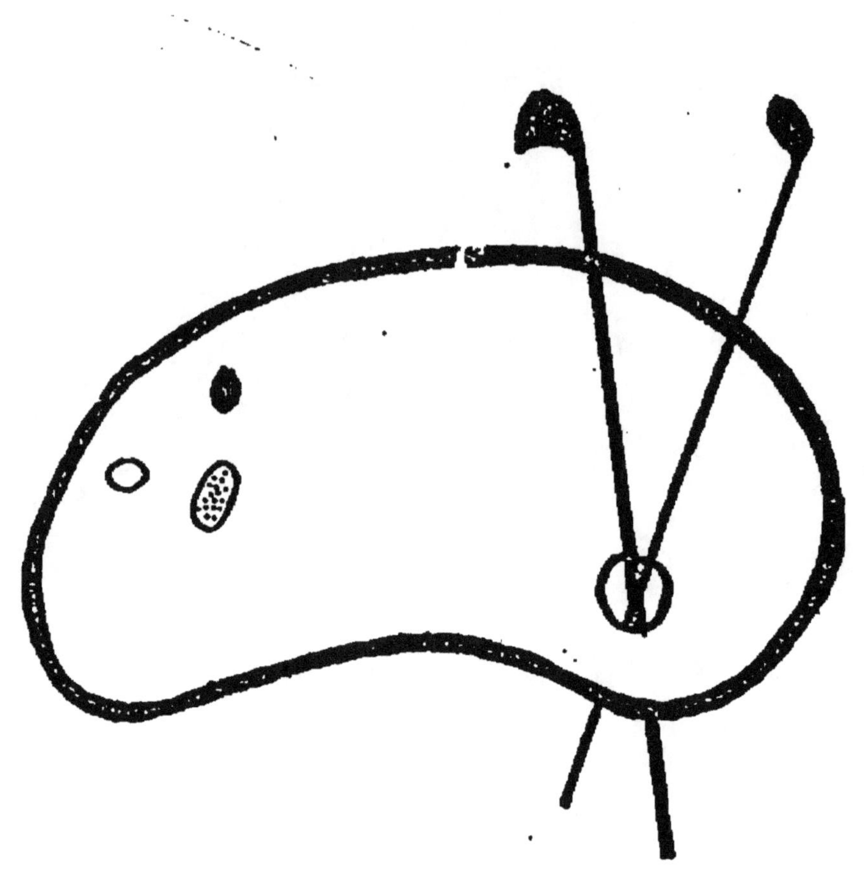

ORIGINAL EN COULEUR

Nº Z 43-120-8